Dieses Buch gehört

....

....

Tira,
die junge Wölfin

INHALT

TIRA

Tira ist eine junge Wölfin.

Sie ist ein Jahr alt.

Sie lebt mit ihren Eltern und ihren

Geschwistern in einem Rudel.

Einem Wolfsrudel.

Tira unternimmt schon allein Ausflüge.

Manchmal bleibt sie eine ganze Nacht weg.

Ihre großen Brüder Rufo und Hoss sind
oft länger unterwegs. Sie kommen nur
noch selten zurück. Sie möchten bald
ein eigenes Rudel haben.

Wölfe leben im Rudel, also mit
vielen anderen Wölfen zusammen.
So ähnlich, wie wir Menschen als
Familie zusammenleben.

HEULEN IM WALD

Seit gestern Abend ist Tira allein jagen.

Sie hat einen Felsen entdeckt.

Tira mag diesen Ort sehr.

Hier kann sie richtig laut heulen.

Es hallt und schallt durch die Nacht.

So warnt Tira fremde Wölfe in der Nähe.

Das hier ist ihr Zuhause.

Und ihr Rudel weiß, wo sie ist.

TIRA HAT HUNGER

Heute ist Tira schon sehr weit gelaufen.
Jetzt bleibt sie stehen und stellt
die Ohren auf. Tira lauscht in die Nacht.
Der Wind pfeift durch die Bäume.
Tira hat Pech. Keine Beute.

Müde und erschöpft kehrt sie zum Rudel zurück. Allein zu jagen, ist gar nicht so einfach.

Zum Glück haben Tiras ältere Geschwister einen Hasen erbeutet. Die Beute wird im Rudel geteilt.

LEBEN IM RUDEL

Im Rudel ist Tiras Vater Graufell der
Leitwolf. Er führt das Rudel an.

Sila ist die Jüngste im Rudel.
Sie hat einen Schmetterling entdeckt
und jagt ihm nach.

Dabei entfernt sie sich vom Rudel.
Aber Tira passt auf.
Wenn Gefahr droht, heult sie und
trommelt das Rudel zusammen.

FUTTER FÜR DIE WELPEN

Tiras Eltern waren jagen.
Endlich sind sie zurück!
Sie haben Beute für das ganze Rudel dabei.
Sofort kommen die Kleinen angerannt.

Die Welpen haben noch nicht alle Zähne.
Sie können das Fleisch nicht selbst
zerkleinern.

Kleine Wölfe nennt man
„Welpen". Übrigens sagt
man auch zu Hunde-
Babys „Welpen".

Die Welpen lecken die Mundwinkel der
Eltern. Denn Mama und Papa würgen
das vorgekaute Futter für sie hoch.

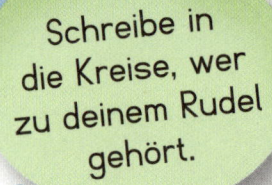
Schreibe in die Kreise, wer zu deinem Rudel gehört.

Zu meinem Rudel gehören:

Was fressen Wölfe?

Kopiere die Seite und male aus,
was Tiras am liebsten mag.

ES GIBT VIEL ZU LERNEN

Tira beobachtet ihre Eltern genau.
So lernt sie viel. Zum Beispiel was beim
Jagen wichtig ist. Sie schleicht sich an
ihren Bruder heran und springt.
Erwischt!

Tira tobt auch gern mit den kleinen Wölfen.
Da! Wieder läuft Sila davon.
„Sila", ruft Tira, „komm sofort zurück!"
Vor Schreck kehrt die kleine Wölfin um.

Tira zeigt den Welpen unterschiedliche
Körperhaltungen.

Sie streckt den Kopf stolz nach vorn.

Der Schwanz ist aufrecht.

So verhält sich der Wolf, wenn er führt
oder bestimmt.

Sila probiert es gleich aus.

Auch die anderen Welpen geben sich Mühe.

„Gut gemacht!", lobt Tira ihre kleinen
Geschwister.

Dann bewegt Tira ihren Kopf etwas
zur Seite. Der Schwanz und die
gerade Haltung bleiben gleich.
So zeigen Wölfe, dass sie zum Angriff
bereit sind.

Die jungen Wölfe üben viel.
Tira ist heute sehr zufrieden.

Plötzlich legt Tira die Ohren
an und kräuselt die Nase.
Sie öffnet das Maul.
Jetzt sind ihre Zähne zu sehen.

Sofort nimmt Sila den Schwanz zwischen
die Hinterbeine und duckt sich.

„Was ist los?", fragt Sila ängstlich.
„Du siehst böse aus!"

Aber Tira zeigt nur, wie ein Wolf droht.

Die Welpen schauen zu und üben fleißig.

Wölfe sprechen auch mit ihrem Körper:

drohend

angriffslustig

bestimmt

vorsichtig

unentschlossen

Wie sehe ich aus, wenn ich ...

Kopiere die Seite und male dein Gesicht, wenn du in der angegebenen Stimmung bist ...

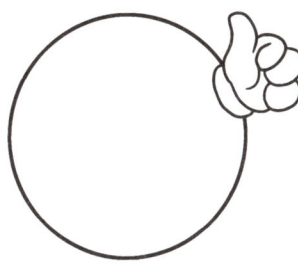

... glücklich bin.

... müde bin.

... aufgeregt bin.

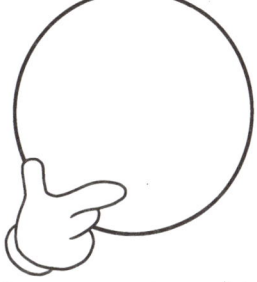

... konzentriert bin.

... zornig bin.

... fröhlich bin.

DUFT

Wölfe können Beute, Feinde oder Mitglieder
des Rudels am Geruch erkennen.
Und das sogar von weit entfernt.

Wölfe haben „Drüsen" an den Pfoten. Aus diesen Drüsen kommt der Duft für die Duftmarken.

„Oh", ruft Tira erfreut.

„Rufo und Hoss sind gestern hier gewesen.

Das sind ihre Duftmarken!"

„Was sind Duftmarken?", fragt Sila.

„Mit Duftmarken markieren wir unser

Revier. Das tun wir mit Urin, Kot oder

unseren Drüsen", antwortet Tira.

SPUREN LESEN

Heute Nacht hat es geregnet.
Tira zeigt den Welpen Abdrücke von ihren
Pfoten auf dem weichen Boden.

„Das ist meine Pfote. Hier sind die Zehen.
Vier Zehen! Seht ihr?"

Tira fragt die Kleinen:
„Was ist euch aufgefallen,
wenn unser Rudel jagen geht?"

Sila springt vor. „Ich weiß es! Ich weiß es!
Wir laufen hintereinander!"

Tira nickt. „Genau. Wir setzen unsere
Pfoten in die Abdrücke der Wölfe vor uns.
Wenn ein Tier uns folgt, denkt es, da war
nur ein Wolf. Schlau, nicht wahr?"

DIE HIRSCHJAGD

Tira ist stolz.

Heute darf sie zum ersten Mal mit dem

Rudel auf Jagd gehen.

Plötzlich wittert sie etwas.

Der Geruch ist noch weit entfernt.
Aber Tira hat eine feine Nase.
„Ein Hirsch", ruft Tira.

Im Rudel können Wölfe
große Beutetiere jagen.
Allein fangen sie oft
Hasen oder Mäuse.

„Gut gemacht", lobt ihr Vater sie.

„Übernimm du die Führung.

Schließlich hast du ihn als Erste gewittert."

Der Hirsch frisst in Ruhe Gras.

Nicht weit von ihm entfernt steht seine Herde.

Tira und das Rudel schleichen sich
langsam an.
Sie kreisen die Herde ein.

Plötzlich bemerkt der Hirsch etwas.
Er hört auf zu fressen.

„Angriff", ruft Tira.
Die Wölfe rennen los.

Tira ist hinter dem Hirsch her.
Aber er ist zu schnell.

Doch dann trennt sich eine Hirschkuh
von der Herde.

Sofort ist Tira zur Stelle.
Sie setzt zum Sprung an und beißt
der Hirschkuh in den Hals.
Die Hirschkuh fällt zu Boden.

„Du warst gleich bei deiner ersten Jagd
erfolgreich", lobt Graufell seine Tochter.
„Jetzt kommst du alleine zurecht."

Tira möchte nach Hause.
Kannst du ihr helfen?

Was gefällt dir an Tira besonders?

Schreibe die Worte auf die Blumen, die deiner Meinung nach am besten zu Tira passen.

Selbstständigkeit

Fürsorglichkeit

Unabhängigkeit

Hilfsbereitschaft

Vorsicht

Klugheit

Mut

Jedes Rudel lebt in einem
eigenen Gebiet.
Das nennt man „Revier".
Dort sind die Wölfe zu Hause.

TIRA ZIEHT AUS

Ein letztes Mal kuschelt Tira sich
an ihre Eltern.
Die Welpen lecken ihr die Schnauze.
Noch ein Blick. Dann zieht Tira los.

Lange wandert sie durch den Wald.
An einem kleinen Teich bleibt
sie stehen.

„Hier gefällt es mir.
Ob das Revier
schon jemandem
gehört?"

EIN GUTES REVIER?

„Ich brauche viel Platz!
Ich brauche genug Nahrung.
Viel Wasser!
Und kein anderes Rudel darf hier leben!",
überlegt Tira.

„Und für später brauche ich noch
eine Höhle. Wenn ich Mutter werde,
muss ich mich doch zurückziehen
können!
Ob ich das hier alles finde?"

TIRA UNTERSUCHT DAS REVIER

Zum Glück kann Tira gut Spuren lesen.
So kann sie erkennen, ob es hier Bären
oder Luchse gibt. Auch der Ruf
eines Adlers ist ihr vertraut.

„Keine Gefahr!", denkt Tira.

Sie möchte gern bleiben.

Hier fühlt sie sich wohl.

„Das könnte mein Revier werden."

Doch plötzlich wittert Tira etwas.

Sie ist nicht allein.

Was bist du für ein Wolf?

In welchem Monat bist du geboren?
Fahre mit dem Finger die Linien entlang
und finde heraus, was für ein Wolf du bist.

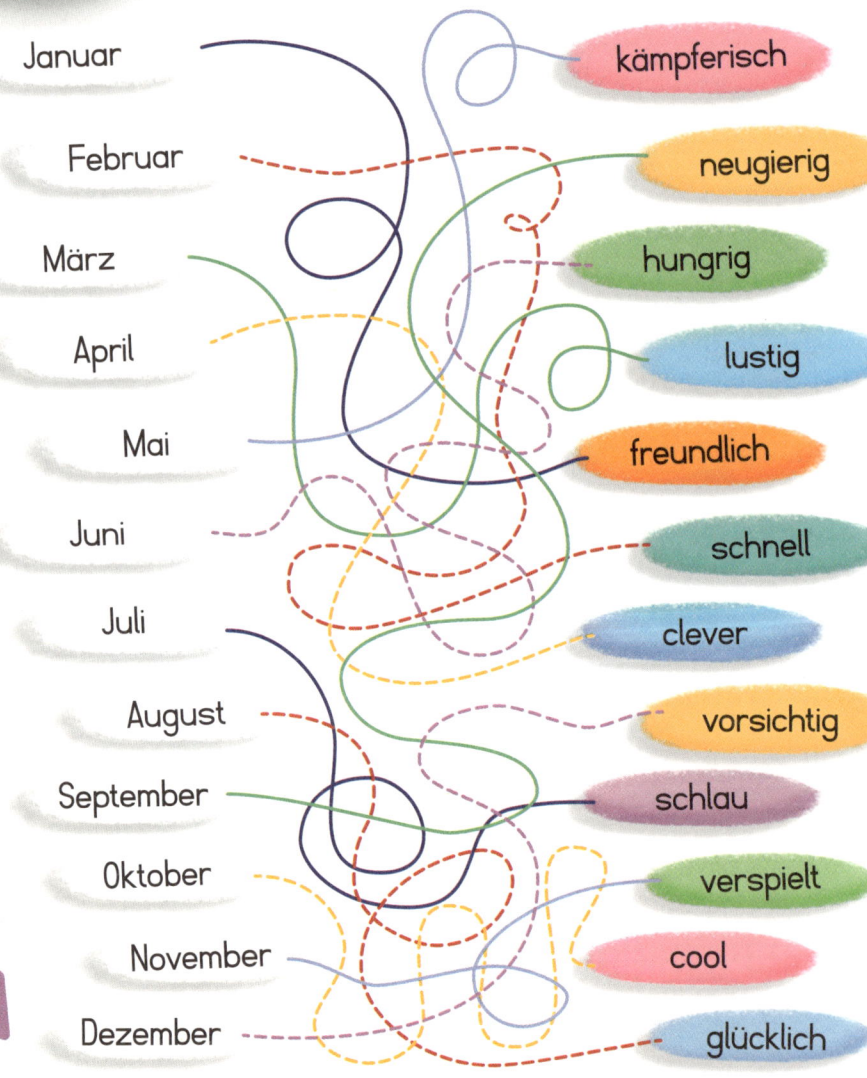

Januar

Februar

März

April

Mai

Juni

Juli

August

September

Oktober

November

Dezember

kämpferisch

neugierig

hungrig

lustig

freundlich

schnell

clever

vorsichtig

schlau

verspielt

cool

glücklich

Mein Tag war ...

abends
mittags
morgens

langweilig

nervig

spannend

ermüdend

lustig

interessant

Mach deinen Tag bunt!

ARTO

„Wer ist das? Hm, ein Rudel?
Nein, das ist nur ein einzelnes Tier."
Aufgeregt und doch besorgt
sieht Tira sich um.

„Ob der andere Wolf auch allein ist?
Wie ich?"
Tira hört ein Heulen.
Ganz nah.

Der fremde Wolf muss
sie gewittert haben.

Ihr Herz pocht schnell.
Plötzlich steht
er vor ihr.

Ein junger Wolf.
Arto.

TIRA UND ARTO

Aufrecht und stolz steht der junge Wolf
vor ihr.

Dann kommen beide langsam
aufeinander zu. Sie beschnuppern sich.
Vorsichtig.

„Suchst du eine Freundin?",
fragt Tira neugierig.

„Ja, sie steht vor mir", sagt Arto.
Beide lächeln und kuscheln sich
aneinander.

DAS NEUE REVIER

„Wollen wir hier bleiben?", fragt Tira.
„Mir gefällt der Ort sehr", antwortet Arto.
„Hier haben wir alles."

„Dann soll es unser Revier sein!", sagt
Tira. „Aber wir müssen es markieren."

Tira und Arto setzen Duftmarken,
um andere Wölfe fernzuhalten.
Sie markieren Steine, Baumstämme
und Büsche.

„Das müssen wir in ein paar Tagen
wiederholen. Der Duft hält sich nicht
so lange", mahnt Tira.

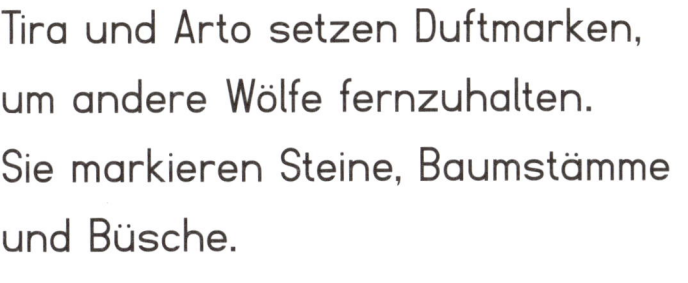

GEMEINSAM JAGEN

„Jetzt habe ich Hunger", meint Tira.

„Ich auch", sagt Arto.

„Lass uns jagen gehen."

Tira und Arto laufen durch ihr Revier
und suchen nach Beute.
Plötzlich nimmt Tira einen Duft wahr.

„Warte, Arto!", ruft sie.
„Sieh nur, Hirsche!"

Beide Wölfe schleichen sich an.
„Tira, du kommst von links, ich von rechts",
schlägt Arto vor.

Und die Jagd beginnt.
Heute haben sie Glück.
„Wir arbeiten gut zusammen, Tira",
meint Arto.

WÖLFE IM WINTER

„Was für ein Winter", sagt Arto.
Tira springt vor ihm in den Schnee.
„Ja. Und es macht Spaß!"

Ihr dichtes Winterfell hält sie warm.
Täglich gehen Arto und Tira
auf Futtersuche.

Aber heute will Arto spielen.
„Ich besorge Futter. Später!
Wollen wir nicht weiter toben?"

54

Tira spürt die Sonne. Es wird wärmer.

„Gut, lass uns toben! Der Schnee
wird sowieso bald schmelzen."
Sie lächelt zurück.

Wenn eine Frau bald ein Kind
bekommt, ist sie schwanger.
Bei einer Wölfin sagt
man dazu „trächtig".

TIRA SUCHT EINE HÖHLE

Jetzt ist Frühling. Müde liegt Tira in der Sonne. Sie hat fleißig gearbeitet und viele Höhlen gegraben. Bei Gefahr kann sie schnell in eine andere Höhle umziehen.

Tira ist trächtig. Zum ersten Mal in ihrem Wolfsleben wird sie Mutter. Darauf freut sie sich. Alles muss fertig sein, wenn die Welpen zur Welt kommen.

Wölfe markieren ihr Revier.

Kopiere die Formen und male sie aus.
Dann kannst du sie ausschneiden und
verwenden, um dein Revier zu markieren.

Wie sieht deine Höhle aus?

Marco und seine Freunde haben sich auch eine eigene Höhle gebaut. Wie sieht denn deine Höhle aus? Zeichne sie auf ein Blatt Papier.

ARTO VERSORGT TIRA

Arto schaut wachsam.
Gerade jetzt braucht er eine feine Nase.
Er ist verantwortlich für die Nahrung.

Tira hat sich in die Höhle zurückgezogen.
Sie braucht Ruhe.

Arto kümmert sich liebevoll
um die werdende Mutter.
Für die anstehende Geburt
braucht sie viel Kraft.

DIE WELPEN SIND DA

„So muss meine Mutter sich gefühlt
haben", denkt Tira, als sie die Welpen
säugt.

Sechs kleine Wölfe hat Tira geboren.
Die Welpen kommen taub und blind
auf die Welt. Alle sind gesund.

„Nun bin ich eine Mama. Ich habe
meinen Arto und mein eigenes Rudel",
sagt sie erfreut.

Tira betrachtet die kleinen Wölfe.
„Ihr braucht alle noch einen Namen!",
stellt sie fest.

GLÜCK

Arto und Tira bewachen ihre Welpen. Die kleinen Wölfe toben und springen umher.

Seit einigen Tagen dürfen sie die Höhle verlassen. Nun entdecken sie die Welt.

Eine kleine Wölfin
schnappt nach
einem Schmetterling.
Tira kommt das
bekannt vor.

„Endlich habe ich einen Namen
für dich. Sila!", sagt Tira entschlossen.
„Ein schöner Name." Arto nickt.

Text: Jana Ullke
Lektorat: Alexandra Fauth-Nothdurft und Silvia Schröer
Illustrationen: Ferruccio Cucchiarini, Apecchio
Illustrationen Activityseiten: Alberto Stefani, Carrè
Cover Layout: Raffaele Anello, Berlin
Layout-Konzeption: Luca Caratozzolo, Berlin
Projektkoordination und -abwicklung: Editors Genie | Udo Rehmann, Feldafing
Druck und Bindung: Neografia, a.s., Martin-Priekopa
Printed in: Slovakia

MIX
Papier aus verantwor-
tungsvollen Quellen
FSC® C020353

© 2021 Sophie Verlag GmbH • Versailler Straße 10 • 81677 München

ISBN: 978-3-96808-012-3

Nachdruck	Druckjahr
5 4 3 2 1	2024 2023 2022 2021